谈资

李问渠　杨金月　主编

吉林出版集团有限责任公司

图书在版编目（CIP）数据

谈资／李问渠, 杨金月主编. —长春 : 吉林出版
集团有限责任公司，2014.10

ISBN 978-7-5534-5546-4

Ⅰ.①谈… Ⅱ.①李… ②杨… Ⅲ.①口才学—通俗
读物 Ⅳ.①H019-49

中国版本图书馆CIP数据核字（2014）第211433号

谈资

著　　者	李问渠　杨金月
策划编辑	李异鸣
特约编辑	杨　肖　范　锐
责任编辑	王　平　齐　琳
封面设计	吕彦秋
开　　本	787mm×1092mm　1/32
字　　数	120千字
印　　张	3
版　　次	2014年12月第1版
印　　次	2014年12月第1次印刷

出　　版	吉林出版集团有限责任公司
电　　话	总编办：010-63109269
	发行部：010-81282844
印　　刷	北京旺鹏印刷有限公司

ISBN 978-7-5534-5546-4　　　　　　定价：8.00元
版权所有　侵权必究

前言

常言道，好口才可使经商者顾客盈门，财通三江，而不是门可罗雀，债台高筑；好口才可以使合家欢乐，其乐融融，而不是举家郁闷，愁肠百结。好口才如战鼓催征，雄兵开拔；如江水直下，一泻千里；如绵绵春雨，滋润心田。一个人的口才是至关重要的。但再好的口才，没有一定的知识储备作为基础，也难以在交谈时真正地征服他人。正所谓博学以为谈资，多闻方能雄辩。不管是雅典的演讲，还是春秋的论战，或是魏晋的清谈，名士的滔滔雄辩总是少不了引经据典。当具备一定的知识广度时，我们才能与各种各样的人沟通交流。无论是在茶余饭后还是在工作中，谈资对我们来说都是至关重要的。

然而，人的时间是有限的，而知识是无穷的。无论是旧时皓首穷经的博士，还是当今学贯中西的大家，尚且不能做到无所不知，遑论我们这些终日忙碌的人了。自西方工业革命以来，人类知识无论是在广度，还是在更新速度上，都呈几何级增长。政治、军事、经济、体育、艺术、时尚、地理知识包罗万象，再也不是半部论语可治天下的时代了。"吾生也有涯，而知也无涯"，有谁能抽出时间来通读大英百科全书，或者是遍览经史子集呢？

不过，知识虽然浩如烟海，但如果我们有目标、有选择地吸取精华，就一定能事半功倍，真正掌握和驾驭口才艺术。而《谈资》就是为了让读者在有限的时间内尽可能地扩充自己的知识广度，对各个方面均有所了解。书中涵盖了国学、妙语、名人、军事、政治、经济、艺术、万事由来、时尚、运动、幽默故事、名句集锦、奇书一览、未解之谜等内容，每个知识点都力求取其精华，言语简洁精练，强调概括性和代表性，以便让读者在最短的时间内轻松了解到最广泛的知识。当然，书中选材也紧扣现代口才艺术的脉搏，旨在帮助所有渴望拥有好口才的人真正掌握和驾驭谈资，不管是在今后的言谈中，还是在写文章时，都可以信手拈来，折服他人。

编者

目
CONTENTS
录

目 CONTENTS 录

目
CONTENTS
录

目 CONTENTS 录

目
CONTENTS
录

谈妙语典故

春宵一刻值千金

清乾隆年间某日，朱筠在家中宴请诸位士大夫，酒酣耳热之际，有人出一对子，上句为"太极两仪生四象"，请在座的众人对下句。满座客人正苦苦思索而不能对时，忽有下人报纪昀（字晓岚）到。纪昀到后，连连要酒要菜。有人将刚才所出的对子告诉纪昀，大家开玩笑地说："对出对子才可入座，否则将下逐客令。"纪昀应声说："春宵一刻值千金，我可饿坏了，没工夫与诸位争夺文名。"在座的人听了，无不称绝。

乘兴而行，兴尽而返

王徽之与戴安道是好朋友。王徽之居住在山阴县，一个冬夜，刚刚下过一场雪，月色清朗，再加上遍地的白雪，四面一片银色，王徽之一边独自喝酒，一边吟咏左思的《招隐诗》。吟咏之间，王徽之忽然想起戴安道在剡县，便连夜动身乘小船前去拜访。经过一夜才到，可他走到门前却不进去，反而转身回来了。有人问他这是为什么，王徽之回答道："我本来就是乘兴而行，现在兴尽而返，何必要见戴安道呢？"

勿以一目废二目

唐文学家皮日休善写诗文，自号"醉吟先生"。他非常自负，暗地里自比大圣孔子。皮日休中进士时名在榜末。主司礼部侍郎郑愚因皮日休其貌不扬，和他开玩笑："你才学广博，可惜只有一只眼睛能用。" 皮日休立即答道："侍郎可不能因为学生瞎了一眼，连累您两眼也看不清。"

照面何须二百里

宋太宗赵光义在位时，吕蒙正为宰相，他为人忠诚宽厚，太宗非常赏识他。有一个朝士家中藏有一面古镜，自称能照二百里，他想通过吕蒙正的弟弟把这面古镜献给吕蒙正，以此来巴结取悦吕蒙正。吕蒙正的弟弟把这件事告诉了哥哥，吕蒙正听后，笑着说："我的脸面不过碟子般大小，怎么用得着照二百里？"他的弟弟听后，不敢再言。

常识
谈国学

经典论著之《周易》

　　《易经》是我国古代的一部用来占筮的书，一般称为《周易》。在《左传》中已有《周易》的记载，说明《周易》最晚在春秋战国时代已经出现了。目前，对《周易》成书的时代，学术界尚有争论，但西周前期却为大多数所接受。

　　至于《周易》的"周"字，历来说法颇多，如，有人认为：周是"易道周普无所不备"的意思；也有人认为：周易是指的周朝。周朝为一般人所接受，很多人都以为《周易》的"周"字就是年代的意思。而《周易》的"易"字解释则更为纷繁。一说："易之为字，从日从月，阴阳具矣。""易者，日月也。""晶月为易，刚柔相当。"一说："易，飞鸟形象也。"一说："易，即蜴。蜥蜴因环境而改变自身颜色，日之易，取其变化之义。"

西汉时，儒家学派将《周易》与《诗》、《书》、《礼》、《乐》、《春秋》等奉为经典，称为"六经"。于是《周易》又被称为《易经》。

【方以类聚，物以群分，吉凶生矣】 出自《周易·系辞上》。方：事情。分：划分。意思是：天地间的事物是以同类相聚成群的规则来区分的，这样吉凶祸福就在这中间了。

【仰以观于天文，俯以察于地理，是故知幽明之故。原始反终，故知死生之说】 出自《周易·系辞上》。幽明：黑暗和光明。原：探究。意思是：仰望可以观察天文的规律，俯瞰可以观察地理的风貌，所以可以知道黑暗和光明的道理；研究事物的起始状态，再研究事物的终结状态，就明白生死的道理了。

【一阴一阳之谓道，继之者善也，成之者性也】 出自《周易·系辞上》。道：规律。继：继承。意思是：一阴一阳相互作用就是天地发展的规律，继承这种天的法则就是善，使其成为人的规则，那就是天赋的秉性。

【是故形而上者谓之道，形而下者谓之器，化而裁之谓之变】 出自《周易·系辞上》。意思是：超出形体之上的抽象部分被称之为道；具体可见的被称之为器。当把道和器相互利用转化时，就称之为变。

【尺蠖之屈，以求信也。龙蛇之蛰，以存身也】 出自《周易·系辞下》。屈：弯曲。信：音"申"，通"伸"，伸展。意思是：尺蠖将自己的身躯尽量弯曲，是为了伸展前进；龙蛇冬眠，是为了保全生命。

【吉人之辞寡，躁人之辞多】 出自《周易·系辞下》。意思是：老实敦厚的人言辞少，浮躁虚妄的人言辞多。

【穷则变，变则通，通则久】 出自《周易·系辞下》。穷：终极。意思是：事物发展到极点就会发生变化，发生变化能使事物的发展不受任何阻塞，事物的发展不受阻塞就能长久。

中国古代十大兵书

中国的兵法书籍很多，但有十部经典著作一直流传不息，那就是十大兵书：

《孙子兵法》是我国现存最早的兵书，春秋末孙武著，今存13篇。

《孙膑兵法》是战国时齐国孙膑所作，共39篇。

《吴子》是由吴起、魏文侯、魏武侯辑录，共48篇。

《六韬》传说为周代姜太公所作，后经研究，认定为战国时的作品。

《尉缭子》传说为战国尉缭所作。

《司马法》是战国时齐威王命大夫整理的古司马兵法。

《太白阴经》是唐代李筌撰写的。

《虎钤经》是由宋李许洞撰写的，全书共20卷120篇。

《纪效新书》是由明代戚继光在东南沿海平倭时撰写的，共18卷。

《练兵实纪》是由戚继光在蓟镇练兵时撰写，正集9卷，附集6卷。

哲学之阴阳

中国古代哲学范畴。阴阳最初的涵义是很朴素的，表示阳光的向背：向日为阳，背日为阴。后来引申指气候的寒暖，方位的上下、左右、内外，及运动状态的躁动、宁静等。中国古代先哲们进而体会到自然界中的一切现象都存在着相互对立而又相互作用的关系，遂用阴阳的概念来解释自然界两种对立和相互消长的物质势力，继而认为阴阳的对立和消长是事物本身所固有的，于是认定阴阳的对立和消长是宇宙的基本规律。自然界的任何事物都包括着阴和阳相互对立的两个方面，而对立的双方又是相互统一的。"阴阳"的对立统一运动，是自然界万事万物发生、发展、变化及消亡的根本原因。《素问·阴阳应象大论》曾云："阴阳者，天地之道也，万物之纲纪，变化之父母，生杀之本始。"

以上是一种抽象的理论。具体来说，"阴阳"学说的基本内容包括阴阳对立、阴阳互根、阴阳消长和阴阳转化等四个方面。阴阳对立，指世间万物都存在着相互对立的阴阳两面，如上与下、天与地、动与静、升与降等。其中上属阳，下属阴；天为阳，地为阴；动为阳，静为阴，升属阳，降属阴。阴阳双方既对立又互相依存，任何一方都不能单独存在。如热为阳，冷为阴，如果没有冷就无所谓热。也就是说，阳依存于阴，阴依存于阳，每一方都以其相对的另一方的存在为自己存在的条件。这是阴阳互根。另外，我们前面提到的阴阳对立、互根互用也不是一成不变的，它们在一定条件下还可以互相转化，即物极必反。另外需要说明的是，阴阳这一对立统一的范畴，是国人的归纳和总结。宇宙在国人的脑海中就是二元的。这种思路让不少国人养成了一种思维定式，无论宇宙、自然、社会、人生，还是求医诊病，无一不与阴阳挂钩。我们脑子里需要明确的是，尽管这种二元思维法经常是符合常识的，但毕竟是一种初级的思维法则，走出常识范围，就要具体问题具体分析了。

文学之六书

汉字的六种构造条例，是后人根据汉字的形成所作的整理（并非全部原始造字法则）。分别是：象形、指事、形声、会意、转注、假借。"六书"始见于《周礼》："保氏掌谏王恶，而养国子以道，乃教之六艺：一曰五礼；二曰六乐；三曰五射；四曰五驭；五曰六书；六曰九数。"虽有记录，但什么是"六书"，《周礼》并没有加以解释。东汉许慎在《说文解字》中云："周礼八岁入小学，保氏教国子，先以六书。一曰指事：指事者，视而可识，察而可见，'上'、'下'是也。二曰象形：象形者，画成其物，随体诘诎，'日'、'月'是也。三曰形声：形声者，以事为名，取譬相成，'江'、'河'是也。四曰会意：会意者，比类合谊，以见指撝，'武'、'信'是也。五曰转注：转注者，建类一首，同意相受，'考'、'老'是也。六曰假借：假借者，本无其字，依声托事，'令'、'长'是也。"《说文解字》首次对六书进行了定义。后世对六书的解说，均以其为核心。若具体分析，"象形"、"指事"属于"独体造字法"；"形声"、"会意"属于"合体造字法"；"转注"、"假借"属于"用字法"。

虽然六书分析完备，但并不是先有六书后有的汉字。汉字早在商朝时，就已经相当发达。后世将汉字分析归纳，这才有了六种造字法。六书问世后，人们造新字时，都以其为依据。如后出现的"猫"、"钬"是形声字，"凹"、"凸"是指事字，"甲"、"由"是象形字，"畑"、"辻"是会意字，"镶"则形声兼会意。六书造字法应用广泛，后来的日本文字亦依从六书而来。在这六种法则中，象形，是最直接的表达方式，因而在甲骨文、金文中，这种字占了大多数；相对简便的方式为形声法，如"鲤"、"鲇"字，只要用形旁"鱼"就可以交代它们的类属，再以发音相近的声旁来区分就可以了。由于形声法造字快捷，到了近代，有80%的汉字都是形声字。

学派之儒学

儒家之学。据《说文解字》载："儒，柔也。术士之称。"儒，最初为术士义。孔门的儒家之称并不是自己拟定的。据郭沫若考证，"儒"是墨家对孔门的蔑称，后来相沿成俗，成了孔家门派的学名。从孔子始，儒学历经两千余年，至今绵延不绝（在海外仍有传人，称"新儒家"）。儒学之所以会源远流长，与其根植于中国传统文化而又能随时调整以适应时代和社会的变化有关：孔子的时代，儒家倡导入世精神，注重社会、人事，以修身齐家治国平天下为人生追求的目标，并开私家讲学之风，为社会造就各类人才；在汉代，儒家提出了"三纲五常"，讲求君君臣臣、父父子子、尊卑有序，为封建社会明确了等级之分，架构了伦理体系；汉代以后，儒家以"经世致用"为核心，注疏考据之学盛行，古雅之风氤氲缭绕；唐宋之际，统治者尊崇佛道二教，儒学因教条、晦涩，缺少超越现实的终极关怀，信徒日少；进入宋代，针对佛道二教的盛行，理学兴起，其冲破汉唐儒学的藩篱，开始摒弃繁琐的注疏之学，而以直截了当的形式阐释经典中的义理，探讨人性、人心、天命、理气、道器、义利、体用、知行、动静等形而上的哲学命题，将儒学发扬光大；元明清时，儒学都有着很高的政治地位，被定为官方哲学。五四新文化运动之后，儒学开始淡出政治舞台和社会生活，转而成为高等学府纯学术研究的对象。

儒学的脉络不绝在世界文化史上都堪称奇迹，无论是先秦儒学、汉唐经学、宋明理学，还是民国时期"心灵儒学"（陈复的"心学"注解）乃至今天仍有传承的新儒学，其间可谓门户林立，令人感喟不已。虽门派众多，然而历代儒家所遵奉的价值观及其所提供的思想智慧，是一脉相承的。儒学不仅是封建时代的产物，更是华夏民族的文化结晶。

中国历代战争之商汤灭夏

商部族发展到商汤时，已经变得非常强大。夏朝末期，夏桀大兴土木，奢侈淫逸，征伐邻国，残杀异己，横征暴敛，怨声四起，大臣关龙逢曾多次劝谏夏桀，最后却为夏桀所杀。商汤于部族内布德施惠、轻赋薄敛、扶困救穷、勤政廉明，周边诸侯都归顺他，百姓也亲附他，他统治时期社会稳固。他又任用伊尹、仲虺为左右相，伊尹为奴隶出身，对民众疾苦十分了解，为相后，又推行改革，安定社会。此后商汤入据中原，先击败韦、顾等邦国，后又击败昆吾，并与夏军决战于鸣条(今河南封丘东)。夏桀大败奔溃，南窜与南巢(今安徽巢湖附近)而死，夏朝灭亡。

世界著名战争之希波战争

希波战争是古代波斯帝国为了扩张版图而入侵希腊的战争，战争以希腊获胜，波斯战败而告终。波斯帝国在大流士一世一世统治时期，已成为一个横跨欧、亚、非三大洲的大帝国。公元前500年，波斯人统治下的位于小亚细亚的希腊城邦米利都发动了起义，并向希腊本土的雅典等城邦求援。雅典随即派出几十艘战舰前往支援，其他希腊城邦也纷纷响应。大流士一世听说雅典帮助米利都，非常愤怒。公元前494年，大流士一世率领军队镇压了米利都的起义，屠杀了大部分居民，并放火烧毁了这座城市。随后，大流士借口雅典和爱勒特里亚帮助过米利都，于公元前492年，率大军向希腊大举进攻。希波战争就这样拉开了序幕。

公元前492年，波斯发动了对希腊的第一次战争。然而让人意想不到的是，波斯海军在中途发生了意外，舰船遭遇飓风，只能撤退，而陆路大军也因受到猛烈进攻无功而返。公元前490年，波斯王大流士一世出动5万大军，水陆并进，第二次远征希腊。大军在距雅典东北约40千米的马拉松平原登陆。在马拉松会战中，希腊军队歼敌6400人，缴获大批舰船，取得了第二次希波战争的胜利。在这次会战中，希腊军队付出的代价非常小，只有192人阵亡。公元前480年春，接任的波斯王薛西斯一世亲率大军第三次远征希腊。起初，他们攻克了希腊中部的温泉关。但在著名的萨拉米斯海战中，波斯海军遭受了重大损失，仓皇败逃回国，其陆军也被迫退至北希腊。公元前479年，波斯王派大将统率大军再度进攻希腊，希波双方陆军在布拉底附近举行决定性会战。结果，希腊联军约10万人重创波斯陆军。同年，以雅典为首的希腊海军反攻波斯，攻进小亚细亚，使小亚细亚诸希腊城邦脱离波斯的统治。公元前478年，希波战争以双方签订卡里阿斯和约而告结

束，波斯帝国从此承认小亚细亚之希腊城邦的独立地位，
并且将其军队撤出爱琴海与黑海地区。

兵器之冷兵器

冷兵器是指不带有火药、炸药或其他燃烧物，能够在
战斗中直接杀伤敌人，或保护自己的武器装备。冷兵器出
现于人类社会发展的早期，由耕作、狩猎等劳动的劳动工
具演变而成，随着战争及生产水平的发展，经历了由低级
到高级，由单一到多样的发展过程。世界各地冷兵器的发
展过程各有特点，但基本可归结为石木兵器时代、铜兵器
时代、铁兵器时代和冷兵器、火器并用时代。

冷兵器按材质分为石、骨、蚌、竹、木、皮革、青
铜、钢铁等兵器；按作战方式分为步战兵器、车战兵器、
骑战兵器、水战兵器和攻守城器械等；按用途分为进攻性
兵器和防护装具，进攻性兵器又可分为格斗、远射和卫体
三类；按结构形制分为短兵器、长兵器、抛射兵器、系兵

器、护体装具、战车、战船等。火器时代开始后，冷兵器已不再是主要兵器，但因其地位特殊，故一直沿用至今。

军队之海军陆战队

海军陆战队是指海军中担负渡海登陆作战任务的兵种，其形式起源于古代希腊。公元前480年，雅典人在每条战船上配置20名"海上士兵"，与波斯人作战。后来，为了同海上霸主迦太基争霸，罗马人也在大型战船上配置"舰队士兵"，在船接近时从事舰上作战，从而取得了战斗胜利。这成为陆战队的雏形。

15世纪～16世纪，一些国家为了向海外扩张，建立了经过专门训练的登陆作战部队。17世纪中期，英国建立了海军步兵团。此后，俄国、葡萄牙、法国、西班牙、美国等先后建立了海军陆战团或海军陆战队。第二次世界大战中，海军陆战队迅速发展，各国的海军陆战队在登陆作战中发挥了重要作用。1975年，美国扩建了正规化的海军陆战队，拥有20余万人，分为三个师和三个飞行联队，配备有1000多架飞机，主要任务是执行强击登陆和保卫海滩的两栖突击，属海军部管辖。在"二战"太平洋战争中，陆战队发挥了巨大作用。在美军建立海军陆战队之后，许多西方国家也相继建立了这种两栖作战部队。

地球简述

　　地球是一颗蔚蓝色的星球。它以每小时108000千米的速度在宇宙中飞行。它是太阳系的第三颗行星，与太阳的平均距离是149573000千米。地球绕行太阳一周大约365.256天，并用23.9345小时自转一圈。地球的赤道直径是12756千米。地球的大气里78％是氮气，21％是氧气，余下的1％是其他成份。地球表面的平均温度是15℃，平均气压101.325kPa。

　　地球形成于46亿年前，大约在16亿年前地球每昼夜只有9个小时，比现在自转快得多，每年约有800多天；到了6亿年前，每昼夜延长到了20个小时，年缩短到440天。地球正在逐渐放慢自转速度，原因可能主要是月球的潮汐引力作用。一般认为，地球的形成起源于太阳星云分化物。

地球是太阳系中密度最大的星体。46亿年来，地球从一个均质的球体演变成现在的圈层结构。圈层结构以地壳表面为界，在它的上面有磁圈、大气圈、水圈和生物圈，称之为外部圈层；在它的下面有岩石圈、地幔和地核，称之为内部圈层。地壳平均厚度17千米，地幔厚度约2900千米，占地球体积的83.4%，地幔温度为1000~3000℃，地核厚度约3473千米，占地球体积的16.3%，内核温度高达6000℃以上，与太阳表面温度差不多。内核与地壳为实体；外核与地幔层为流体。不同的层由不连续断面分割开。地核可能大多由铁（或镍铁）构成；下地幔可能由硅、镁、氧和一些铁、钙、铝构成；上地幔大多由橄榄石、辉石(铁/镁硅酸盐)、钙、铝构成。地壳主要由石英（硅的氧化物）和类长石的其他硅酸盐构成。

地球是唯一一颗能在表面存在液态水的行星，表面

71％为水覆盖。液态水也造成了地表侵蚀及大洲气候的多样化，这是在太阳系中独一无二的过程。

地球有一个由内核电流形成的适度的磁场区。由于太阳风的交互作用，地球磁场和地球上层大气引发了极光现象。

地球的诞生

科学家们过去通常认为地球这类的石质行星是由尘埃云快速引力坍缩而形成的。20世纪60年代，阿波罗太空计划的研究成果改变了这种观点。在对月坑的研究中发现，这些坑是在距今约45亿年前由于大量天体的撞击而形成的，但此后撞击的次数迅速减少。这一研究结果使吸积理论恢复了活力。该理论认为，行星是一步一步地逐渐增大其体积的。宇宙尘团聚在一起成为颗粒，颗粒变成砾石。砾石变成小球，然后变成大球，再变成微行星(即星子)，最后，尘埃终于变成了月球那样的大小。随着星体越来越大，它们的数目也越来越少。最后，星体(即陨石)之间碰撞的机会就很少了。这意味着为了集结成大行星这一作用要进行很长的时间。一个直径10千米的天体变成地球这样的天体需要经过大约一亿年的时间。

地球的形状

古代人类活动范围有限，凭直觉认为"天圆地方"。自从麦哲伦环球航行成功之后，大地是球形已确信无疑。到了17世纪以后，由于观测手段的发展，科学家们对地球进行了比较精确的测定，发现地球赤道半径较极半径长21.4千米之后，确认地球不是一个正球体，而是一个椭球体。近些年来，通过人造地球卫星对地球形状更加精密测定的结果，发现地球这个椭球体是一个不规则的椭球体，有点像"梨"的形状，称之为"梨形体"。这是人类对地球形状的最新认识。目前人类描述的地球形状是一个赤道略鼓，两极略扁的不规则球体。

大陆漂移说和板块构造说

"大陆漂移说"是由德国天文学家兼气象学家魏格纳于1912年提出的。他通过研究发现南美大西洋海岸与非洲大西洋海岸十分吻合，两岸的地质构造和古生物也非常相似，于是他认为在2～3亿年前，地球是一个联合的大陆。由于地球自转产生的潮汐摩擦力和离心力后来使这块大陆分裂并漂移，才逐渐形成了现在的海陆格局。

20世纪60年代，人们提出的"板块构造说"又把"大陆漂移说"向前推进了一步，认为全球由六大板块（欧亚板块、美洲板块、非洲板块、太平洋板块、印度洋板块、南极洲板块）组成。这六大板块是漂移的，如喜马拉雅山脉就是由于欧亚板块和印度板块相互碰撞而形成的。近1万年来，喜马拉雅山脉升高了500米，平均每年升高5厘米。

由来
谈万事

节日之元旦的由来

元旦是一年的第一天，因此每年的1月1日称之为元旦。按单个字来讲，"元"是开始的意思，"旦"是太阳刚刚升起。南朝梁人萧子云《介雅》诗："四气新元旦，万寿初今朝。"宋代吴自牧《梦粱录》卷一"正月"条目："正月朔日，谓之元旦，俗呼为新年。"

我国古人说的元旦，是阴历的正月初一，也叫做元日。因为在中国几千年的封建王朝统治之中，每个皇帝每个朝代都有单独的纪年，而且用的是阴历纪年。现在所说的公元纪年，是以基督诞生为公元1年。1912年孙中山在南京就任中华民国临时大总统时，宣布中国改用世界通用公历，也叫阳历、新历。并决定以公元1912年1月1日为民国元年1月1日。把这一天叫做新年，也就是今天的元旦。

1949年9月27日，中国人民政治协商会议第一届全体会议决议："中华人民共和国纪年采用公元纪年法"，即我们所说的阳历，为了区别农历和阳历两个新年，又鉴于农历二十四节气中的"立春"恰在农历新年的前后，因此便把农历正月初一改称为"春节"，阳历1月1日定为"元旦"，至此，元旦才成为全国人民的欢乐节日。

交通之路的由来

根据传说，路的来由要追溯到上古时代的黄帝时期。当时，先人们作战频繁，为了适应这种战争形势以及生存的需要，"路"就出现了。尧帝时期，"康衢"成为了人们对"路"的称谓。到了西周，"路"开始出现了等级，它的命名也更加细化了。此时，容乘车一轨的叫做"涂"，容二轨的叫"道"，容三轨的则叫作"路"。此外，人们还把走牛车的称为"畛"，把走马的小路叫作"径"。秦朝时期，人们把天子的车马行驶的道尊称为"驰道"。到了元朝时期，开始出现"大道"的说法，清朝时又有"官路"和"大路"一说。

体育之奥运会的由来

奥运会是世界最大的综合性体育运动会，全名为奥林匹克运动会，由国际奥林匹克委员会举办，每隔四年举办一次。到目前为止，现代国际奥运会的比赛项目共有28个大项的比赛，其下还分设各个小项。奥运会的会旗图案由颜色分别为蓝、黄、黑、绿、红的5个环圈联结组成，分别代表着世界五大洲，是团结、友谊、和平的美好象征。"更高、更快、更强"是奥运会的口号。

据历史记载，第一次古代奥林匹克运动会举行的确切时间是公元前776年，这次运动会的遗址是在奥林匹亚。当时只有180米短跑这一个比赛项目。这次运动会上，一个名叫科洛波斯·德埃利斯的运动员获得冠军，他也是世界奥林匹克运动会的第一个冠军。

科技之生物科学的由来

作为自然科学的一个重要分支，生物学（Biology）已经发展很长一段时间了。生物学最先是从17世纪开始发展的，当时，人们面对变化多端的大千世界还比较懵懂，生物学发展较慢。到了19世纪中期，生物学开始出现分门别类、观察描述等特点。人们开始从多样性的生物大千世界中去探索统一性。在此后的大约一百年的时间里，经典的生物学开始向实验生物学迈进。到1953年，人们已经能够正确地阐明DNA的双螺旋结构了。也就是在这一时期，生物学的发展进入到了一个崭新的时期，分子生物学开始迅猛发展。之后，在生物学领域，人们一次又一次地翻开新的篇章，一个个伟大的成就接踵而来。随着社会的发展，人们越来越重视环境、健康等问题，对生物学的重视也越来越突出。

梁启超拜张之洞

梁启超拜见张之洞时，在拜帖署款："愚弟梁启超顿
首拜。"张见后十分恼火，即出联谑之曰："披一品衣，
抱九仙骨，狂生无礼称愚弟。"梁答曰："行千里路，读
万卷书，侠士有志傲王侯。"

辜鸿铭倒看英文版

辜鸿铭在英国乘巴士，遇到一帮趾高气扬的人，个个脸上一副鄙视的神态。辜不动声色掏出一份报纸来看。洋佬们一看，个个笑得五官挪位："看看这个大老土，连英文都看不懂，还要看报！你瞧他把报纸都拿倒了！"辜鸿铭等他们笑罢，也不慌忙，用流利的英语说道："英文这玩艺儿太简单，不倒过来看，还真没什么意思！"

满纸牢愁章太炎

宋教仁遇刺后，当年七月，二次革命爆发。孙中山、黄克强等均去日本，以避袁世凯之锋，亦劝（章）太炎同去日本。太炎不但坚决拒绝，且谓要去北京，向袁世凯质问。他理直气壮地说："以前，在满洲人统治下为了反帝反清，所以在日本闹革命。现在已光复，为什么再要去日本？"又说："定要去北京，面质包藏祸心的袁世凯，明知虎穴也要去，不入虎穴，焉得虎子！"

章太炎自况："蒿邪识麻直，弦急知韦柔。"他的使酒骂袁，以死抗争，在旁人看来，无异"现代祢衡"，但太炎却还有他深一层的悲哀："观其(袁世凯)所为，非奸雄气象，实腐败官僚之魁首耳，呜呼！苟遇曹孟德，虽为祢衡，亦何不愿，奈其人无孟德之能力何！奈其人无孟德之价值何！"

民国三年，章太炎被禁于北平龙泉寺，其五月二十三日家书，满纸牢愁，不堪卒读。中有句云："吾死以后，中夏文化亦亡矣！"

狂人傅斯年

傅斯年是一个很狂的人。即使在狂人辈出的北大，傅斯年也狂得出类拔萃，人送外号"孔子之后第一人"。别人跟他打招呼，他爱理不理；说话则是说不上几句，就转过头去背书了。有一次，傅斯年走在路上，被飞驰而过的汽车溅了一腿的泥水，回宿舍后他依然怒气冲天，对室友大发牢骚曰："坐汽车的都应该枪毙！"

观察
谈社会

土地那些事儿

时下，土地成为一热点词。其实，土地作为人民劳苦大众赖以为生的根基，在人类漫长的进化历程中发挥着无可替代的重要作用。而与土地捆绑在一起土地的制度，则决定着人民生存状况的优劣，可以说土地制度与人民的生活息息相关。在中国的历史发展过程中，土地制度几经变革，对如何制定土地制度才能使国富民强的探索也从未停止，下面我们就来历数一下历史上土地的那些事儿。

奴隶社会——井田制

井田制盛行于我国古代的奴隶社会时期，它出现于商朝，在西周时逐渐成熟，是一种国有的土地制度。

"井田"一词，最早见诸于《谷梁传·宣公十五年》，其中记载道："古者三百步为里，名曰井田。"在当时的西周，全国的土地被分割成方块，其状似"井"字，故得名曰"井田"。

据《诗·小雅·北山》所述："溥（普）天之下，莫非王土，率土之滨，莫非王臣。"周天子作为一国之君，拥有全国土地的所有权，他将国土层层分封给诸侯，诸侯再封赏给卿大夫，卿大夫再把土地分赐给自己的子弟和臣属。但受封赏的奴隶主阶层仅有土地使用权，而且还要给天子交纳贡赋。而奴隶和庶民阶层则依靠为上层的奴隶主劳作为生。由此可见，这种土地国有制度实质上是一种土地私有制度。

井田制发展到了春秋时期，其弊端不断显现出来。由于奴隶和庶民是在国有的公田上劳动，责任不明，勤惰无别，个人的劳动积极性无法调动起来，出现了"公田不治"的现象，再加上很多奴隶主私下开垦的私田不向国家交税，天子对诸侯的威慑力越来越小，奴隶制度和井田制很快便因此走向了灭亡。

封建社会——土地私有制度

春秋战国时期，随着铁器的使用和牛耕的推广，社会生产力不断提高，这一决定性因素促进了奴隶社会的瓦解，奴隶社会盛行的井田制也很快崩溃，封建土地私有制度随之兴起并繁荣起来。

春秋时齐国管仲的"相地而衰征"和鲁国的"初税亩"，开始按照田亩的多少收税，这实际上是默认了私田的合法性，承认了土地私有制的合法性。

战国时期，魏国的魏文侯当政时任李悝为相，由此开始了中国历史上第一次轰轰烈烈的全国性变法。李悝变法正式废除了中国传统的井田制，施行"尽地利之教"的政策，允许土地私有买卖，并对全国的土地进行测评，根据土地质量的优劣分配给农民。这一举动极大地调动了农民的生产积极性，为奴隶制向封建制的过渡开辟了道路。

秦孝公即位后，决心变法图强，遂任命商鞅为左庶长，并支持他在公元前356年和公元前350年先后进行了两次变法。商鞅变法吸取李悝、吴起变法的经验，主张"废井田，开阡陌"，实行按亩纳税，重农抑商，倡导男耕女织的生产方式，鼓励农民垦荒，这些措施促进了秦国小农经济的发展，从根本上确立了土地私有制度。

北魏时期，北魏政府为了缓解长年战乱造成的土地无人开垦的局面，开始施行均田制。均田制就是把无主的土地按人口数量分给农民耕种，而农民只需向政府缴纳租税并承担一定的徭役和兵役即可。这一开创性的土地制度对巩固北魏的封建统治，恢复和发展农业生产产生了极大的促进作用。

到了唐朝中叶，随着人口的不断增加和土地兼并现象的日益严重，很多失去土地的农民只能选择逃荒，均田制也就失去了施行的基础。唐德宗时期，宰相杨炎创立两税法，均田制随即被废止。两税法一改之前按人头征税的做法，开始按照土地资产纳税，同时还规定贵族、官僚、商人都要交税，这就扩大了税源基础，政府的财政收入随之增加，同时还减轻了那些无地少地的农民的负担。尽管两税法也存在诸多弊端，但其积极影响还是占主导的，因此，自两税法开始实施到明末"一条鞭法"开始推行之间的八百年间，两税法一直都是历代王朝的基本税制。

明朝建立之初推行里甲制度，每110户编为1里，其中丁粮最多的10户为里长，其余100户则称为甲首。推行这一制度的初衷是为了规范地方的权力结构，但到了明朝后期，随着人口的增长和迁移、商品经济的发展等诸多因素的显现，贫富差距日益明显，以里甲为主干的徭役制度已陷入死胡同。嘉靖九年，"一条鞭法"开始在全国推行，这项制度的主要内容是清丈土地，向那些虚报土地数量的地主征税以缩减贫富差距，同时计亩征银，税赋不再按实物征课，而是改为征收役银。但这项制度由于触犯了地主官僚阶级的利益，推行起来阻力重重，直到万历初首辅张居正时期，才取得实质性进展，成为稳定的制度。"一条鞭法"将徭役摊入田赋，推进了赋役由户丁到土地的转变，折银制度和雇役的推行使得封建国家对人身依附关系的控制有所松弛，对商品经济的发展起到了很大的促进作用。

到了满清入主中原之初，满清的皇亲贵胄和政府官员开始疯狂圈占汉人的土地，土地兼并的现象再度涌现，致使全国出现了很多没有土地的无业光丁。而与此同时，清朝入关后延用明朝的"一条鞭法"，征收赋役的依据依然是土地和人口，这就势必会产生丁役负担不均的现象。在康熙、雍正、乾隆年间，"摊丁入亩"的赋税制度开始在全国实施，其主要内容是废除"人头税"，将丁银摊入田赋，这一规定使无地、少地的农民摆脱了千百年来封建社会的丁役负担，缓和了土地兼并的现象。此外，这一制度也标志着清朝政府放松了户籍的管控，很多手工业者和商人从此可以自由迁徙，促进了商品经济的发展。

近代土地制度的变革

19世纪40年代，清政府在第一次鸦片战争中的战败，标志着中国近代史的开端。此后，无数对旧社会统治不满的人前赴后继地涌现出来，通过口诛笔伐、武装对抗等方式为近代中国的未来寻找出路，而在土地制度方面的探索也同样不曾停止。

1853年，定都天京的太平天国为了解决农民政权最为关心的土地问题，颁布了《天朝田亩制度》，但其"凡分田照人口，不论男妇，算其家口多寡，人多则分多，人寡则分寡"的理念因过于理想化而注定不能长久。

其后，孙中山在"三民主义"中提出"平均地权"的土地改革方案，其主要内容是私有土地须估价上报给国家，国家按价征税，如果地价上涨，则上涨部分归公，同时保留由国家照呈报地价收买的权利，以此来防范地主少报地价。这一主张虽然没能实行下去，但在后来的几次土地制度变动中却发挥着重要影响。

在第二次国内革命战争时期，中国共产党人在毛泽东的带领下在井冈山革命根据地开展打土豪、分田地、废除封建剥削和债务的土地革命。这次土地改革制定出了一条完整的土地革命路线：依靠贫农、雇农，联合中农，限制富农，保护中小工商业者，消灭地主阶级，变封建半封建的土地所有制为农民的土地所有制。这一土地革命路线调动了一切反封建因素，为历次"反围剿"的胜利打下了坚实的基础。

在抗日战争时期，中国共产党为了团结一切可以团结的力量来进行抗战，在革命根据地实行地主"减租减息"、农民"交租交息"的土地政策，这一政策很好地稳定了地主阶级，还减轻了农民的负担，为抗日战争的胜利夯实了根基。

解放战争时期，中国共产党在解放区公布施行了《中国土地法大纲》，其中规定要废除封建剥削制度，施行耕者有其田；废除一切地主的土地所有权和一切乡村中在土地制度改革以前的债务。这一规定不仅改正了以往土地制度中反封建的不彻底性，还极大地鼓舞了解放区人民的士气，对解放战争的胜利起了决定性作用。

艺术谈

中国古代绘画名家

顾恺之：东晋晋陵郡（今江苏无锡）人，代表作品有《女史箴图》、《洛神赋图》、《列女仁智图》等。其理论著作现存的有：《论画》、《魏晋时流画赞》、《画云台山记》。

阎立本：唐代雍州万年（今陕西临潼东北）人。代表作品有《历代帝王图》、《步辇图》等。

吴道子：唐代河南阳翟（今禹州）人。擅长道释人物，画天女、仙女也极生动。代表作有《天王送子图》等。

王维：太原（山西）祁县人。盛唐著名诗人，官至尚书右丞。擅画人物、丛竹、山水。代表作有《辋川图》、《雪溪图》、《济南伏生像》等。

荆浩：唐代河南沁水（济源）人。以山水画著称。代表作有《匡庐图》等。

董源：南唐钟陵（今江西进贤西北）人。擅长水墨或淡着色山水。代表作有《渔父图》、《牧牛图》、《出洞龙图》、《潇淋》、《龙宿郊民》、《夏山图》等。

范宽：北宋陕西华原人。其成就主要体现在笔墨技法上的独创性和高度成熟。代表作有《溪山行旅图》、《雪景寒林图》、《雪山楼观图》等。

郭熙：北宋河阳温县（河南孟县东）人。他的山水画在当时"独步一时"。代表作有《早春图》、《幽谷图》、《窠石平远图》等。

李唐：南宋河阳三城（河南孟县）人。以山水画著称。代表作有《万壑松风》、《江山小景图》、《晋文公复国》、《采薇》等。

赵孟頫：元代湖州（吴兴）人。山水、人物、花鸟无一不精。代表作有《秋郊饮马图》、《鹊华秋色图》、《重江叠嶂图》、《浴马图》、《怪石晴竹图》等。

黄公望：元朝常熟人。代表作有《富春山居》、《九峰雪霁》、《陡壑密林》、《快雪时晴》、《富春大岭》等。

徐渭：明代浙江山阴人。他是一位全能画家，人物、山水、花鸟无不精通，尤其以花鸟画最好。

陈洪绶：明末清初杰出的人物画家。代表作有《屈子行吟图》、《归去来图》、《生鲁居士四乐图》、《隐居十六观图》、《莲石图》等。

石涛：清代画家，明清江王赞陕的十世孙。他的画论《苦瓜和尚画语录》包含着极为丰富、精辟的美学思想，产生深远影响。他的绘画风格多样，题材广泛。他的山水画成就最大。

中华民俗文化的珍宝——木版年画

认识木版年画

木版年画是中国历史悠久的传统民间艺术形式，是中华民族特有的一种绘画形式，通常用于新年时贴在门上装饰气氛，并表达新年吉祥之意，发展至今已有着一千多年的历史。

在年画中历史最悠久的当属门神了，上溯历史，早在汉代就已有"守门将军"的出现，这是门神的雏形。到了唐代，佛经版画逐渐得以发展，雕版技术也渐趋成熟。宋代时期市民文化水平总体提高，木版年画也取得了空前的繁荣景象。北宋时期出现了"画市"，也称"画纸儿"，专为售卖年画。到了宋金时期，木版画的工艺水平更是被发挥到了极致，可谓精美绝伦，如现存最早的木版刻画"四美图"便出自这个时期。在道光年间，"年画"一词正式出现在李光庭的《乡言解颐》一书中，"年画"也从此成了木版彩色套印的、一年一换的年俗装饰品的固定称谓。到了清代中晚期，民间年画发展已近千年，这也是其最鼎盛的阶段。

年画的发展与流通多在民间，取材也更多来自世俗社会的生活，有历史故事、民俗风情、文学名作、戏曲时事等。内容涉及到方方面面，多为宣扬真善美与因果报应。其中，有对明君贤臣的歌颂，也有对昏君奸佞的鞭挞，有对母慈子孝的推崇，还有对英勇豪杰的赞美。人物涉及更是三教九流，应有尽有，可谓包罗万象。其中最为常见的有祝福庆寿画、喜画、行业祖师像等。祝福庆寿画常见的有"百寿图"和"利市仙官"等，是为福寿吉日和庆祝开业张贴的年画；喜画常见的有"龙凤呈祥"、"麒麟送子"等，为新婚人家贴用；行业祖师像常见的有"药王孙思邈"、"吴道子"等，一般为各个行业在祭奠创业祖师或收徒传艺等仪式上所贴用。另外还有灯屏画、扇面画也比较常见。灯屏画，也叫灯方画，多为戏曲时事或历史故事与谜语相结合，粘贴在灯笼四面，也就成了"灯谜"；在夏季年画淡季时，就出现了补充性的木版印画制品，即扇面画。山东潍坊年画作坊所流传民谣中就有"刻版坐案子，捎带糊扇子"这样的词句。此外，还有一些杂画，如用于端午节的"钟馗打鬼图"、中秋节的"月光码"、冬至的"九九消寒图"等，这些都是各种岁时节日用的装饰画。

中国四大木版年画

年画的风格因地域的不同而呈现出多种多样的面貌，天津杨柳青年画、苏州桃花坞年画、山东潍坊年画、河南朱仙镇年画并称为是中国四大木版年画。这四种年画都于2006年5月20日，经国务院批准，被列入了第一批国家级非物质文化遗产名录。

杨柳青年画产生于明代崇祯年间，以宫廷趣味和市民趣味见长。它继承了宋、元绘画传统，且吸收了明代木刻版画、戏剧舞台、工艺美术的形式，创立了喜气吉祥、鲜明活泼、富有感人题材的独特风格。它采用木版套印和手工彩绘相结合的方法，以宣纸印刷，半印半画，笔法细腻，画面色彩明显，人物秀丽多姿。其工艺成品兼具版味与木味，年久色彩不褪不变，具有浓郁的民间艺术的韵味，以及浓厚的中国气息。

苏州桃花坞木版年画源于宋代的雕版印刷工艺，由绣像图演变而来，以细腻工整见长，曾在江南一带广为流传。在中国版画史上，桃花坞年画与杨柳青年画并称"南桃北柳"。该年画采用木板套印，刻工、色彩和造型精细秀雅，构图丰满，颜色绚丽，极具装饰性。题材多采用民间故事、戏文时事，多以寓意、象征、夸张的手法，表达人们的美好愿望。由于其出色的工艺水准，桃花坞年画还曾远渡重洋，流传海外，特别是对日本的'浮世绘'产生了重要影响，有"东方古艺之花"的美誉。

山东潍坊杨家埠年画始于元末明初洪武年间，繁荣于清代。年画以浓郁的乡土气息和古朴雅拙的艺术风格见长。该年画制作工艺别具特色，构图完整，造型夸张，题材形式新颖多样，表现内容丰富多彩，画面充满粗犷奔放、勤劳幽默的民风，生活气息浓郁，有极强的装饰性。喜庆吉祥是杨家埠年画的主题，作为黄河流域地道的农民画，杨家埠年画在民间广受欢迎，同时也驰名海外，并且是"潍坊千里民俗旅游线"上的主要景点之一。

朱仙镇年画是中国历史最为悠久的年画，以古朴稚拙见长。该年画采用木版与镂版相结合，构图饱满且左右对称，线条粗犷简练，造型古朴夸张，人物头大身小，色彩新鲜艳丽。且为了看起来更自然和谐，朱仙镇的年画并不像其他年画那样打红脸蛋。其独特的艺术风格使整个工艺作品既具有喜剧效果又能让观者感觉到匀称舒适。此外，朱仙镇木版年画在用色上也十分讲究，其颜料均以植物、矿物为原料自行手工磨制，色彩纯净，且能做到久不褪色。

木版年画的困局

随着传统习俗的改变和社会的现代化变革，全世界很多传统民族民间艺术都面临濒危局面，我国传统年画也不例外。一方面，简单快捷的机器胶印大大冲击了传统手工制作的木版年画的生存空间；另一方面，随着生活水平的提高，城镇化成了农村发展的必然趋势，民居的建筑格局也正发生着极大改变，再也不是昔日农耕社会的田园牧歌了。传统年画的生存空间越来越小。目前，仅有一些传统文化爱好者与收藏家还在为木版年画做着最后的努力，但是这些力量也是十分薄弱的。就算收藏爱好者收藏了一些经典的作品，如果新品没有市场，那么这种手工制作工艺便很可能会失传。目前，也就只有天津杨柳青、河北武强、湖南滩头、河南朱仙镇、山东潍坊、四川绵竹、福建漳州、广东佛山、陕西凤翔等地的年画作坊还尚存一些经典的年画。因此，为了防止我国民间艺术精华的缺失，中国政府已经启动了"民族民间文化保护工程"，传统木版年画被列为抢救和保护对象。

2010年3月21日，朱仙镇木版年画博物馆在开封县朱仙镇正式开工建设，其投资规模之大、功能之全在国内首屈一指。该馆对朱仙镇木版年画的生产、制作工艺以及苏州桃花坞、天津杨柳青等地的精品木版年画都做了全面展示，对朱仙镇木版年画的整理、收藏、研究、保护和开发起到了有力的推动作用。但这对于木版年画的发展来说只是杯水车薪，在传扬中华传统民俗文化路上，我们仍然任重而道远。

不安寂寞的人类除了工作之外，花费精力最多的事情无疑就是玩了，从占领大街小巷的广场舞，到人山人海的旅游景点，如何玩得好成了现代人闲暇之余思虑最多的问题。传统的跑步、健身、球类等运动似乎已无法拨动人们渴望自由与刺激的神经，那些以往属于小众化的极限运动反倒成了人们热衷的户外体验，下面我们就来盘点一下流行海外的全球十大极限运动。

徒手攀岩

徒手攀岩是一种极限攀岩形式，指的是不借助任何工具也不采取任何保护措施，在各种高度及角度上，完成连续的转身、腾挪、跳跃、引体向上等极为惊险的动作。

在欧美国家及日本、韩国等地，徒手攀岩运动已广为流行。我国自1997年开始，每年都会举办国际性的徒手攀岩比赛，如2011年中国所承办的亚洲攀岩锦标赛等。参与徒手攀岩不仅能放松身心，还能锻炼自己的体能、胆量、身体协调性和柔韧性，因此，在我国北方的一些城市，攀岩运动已成为许多年轻人及都市白领的时尚行为。在时尚运动理念日渐普及的今天，诸多的天然及人工攀岩场地已在全国各地如雨后春笋般涌现。

徒手攀岩不仅需要极高的攀岩技巧，还需要攀岩者具有极高的心理素质。这一运动自18世纪兴起以来，以其极大的危险性，位列世界十大最危险的运动之首。在痴迷于这项运动的选手之中，徒手攀岩以其集健身、娱乐、竞技于一身的独特魅力，被誉为是"峭壁上的芭蕾"。

无动力翼装飞行

对于渴望挑战地心引力的人们来说，无动力翼装飞行绝对是令他们血脉贲张的极限运动。它是指翼装飞行运动员身穿具有双翼的飞行服装和降落伞，从悬崖、飞机、高空热气球等海拔较高处飞身跃下，通过四肢控制飞行服装以实现高空无动力滑翔，在到达最低安全高度时打开降落伞平稳着陆的运动。

由于这项运动的参与者从高空跳下到打开降落伞之间的时间有限，留给参与者调整姿势的时间仓促，因此飞行的危险性极大，截止到2012年，全世界敢于尝试这项运动的人不足千人。在飞行迷眼中，瑞士伯恩州烟特勒根区劳特布龙嫩是翼装飞行的圣地，但令人生畏的是，目前已有28位参与这项运动的人在此丧命。

尽管科技的更新速度越来越快，但翼装发展至今，其飞行的原理仍然是通过增加人体的迎风面积，从而得以获得更多的升力来翱翔天际，危险系数极高，这项运动也因此被人们称为是"世界极限运动之最"。

鳄鱼蹦极

蹦极可谓是一项司空见惯的极限运动，跳跃者站在高楼、断崖等临水的高处，将一端固定的橡皮绳绑在自己的脚踝处，然后双腿并拢，头朝下一跃而下，享受身体在自由坠落过程中的刺激感。如果你觉得这种蹦极不够刺激，那么同时还要将身体没入满是鳄鱼的水里的蹦极呢？这就是让人脊背发凉的鳄鱼蹦极。

试想你从高空坠落的时候本就因为内心紧张而忐忑不安，此时还有极大的可能在没入水面时跟拥有血盆大口的鳄鱼打个照面，那种情形想来都令人生畏，去体验的人真是令人敬佩。由此可见，鳄鱼蹦极不仅需要参与者有敢于从几十甚至上百米高空一跃而下的胆量，还需要有敢把身体浸入鳄鱼池而不惧鳄鱼袭击的魄力。迄今为止，全球敢于尝试此项运动的人寥寥无几。

爱好极限运动的人总是有层出不穷的新奇玩法，鳄鱼蹦极恐怕就是他们挑战自我的极限了，也正因为这样，鳄鱼蹦极才被称为是"勇敢者的游戏"。

急流泛舟

急流泛舟是一项十分考验个人勇气与团队协作的运

动。一组大约八到十个人坐在橡皮艇两侧，沿着湍急的河水顺流而下，途中会遇到狂暴的激流或涡流，参与者只能利用船桨及相互配合掌握方向，过程十分惊险刺激。

急流泛舟运动在很多国家都广为流行。马来西亚的沙巴是众多急流泛舟运动爱好者心中的圣地。沙巴拥有很多奔腾急速的河流，其中最有挑战性的河流便是巴达士河及九鲁河。单单巴达士河就涵盖了旋转木马、断裂极限、眼镜蛇、弯曲、洗衣机等五处急流。另外，普吉岛、巴厘岛，以及台湾花莲的秀姑峦溪，也都是急流泛舟的极佳地点。

一般来说，这项运动的持续时间为五十分钟至两个小时之间，具体还要参考天气及水位等因素。雨后河水上涨，是急流泛舟的最好时机。对于追求极限挑战的探险运动者来说，急流泛舟是不容错过的惊险体验。同时，这也是一项单人很难完成的运动项目，它不但是对个人的勇气的考验，对整个团队协作能力也有一定的要求。

方程式赛车比赛

　　"方程式"也就是"规则与限制"的意思，方程式赛车顾名思义就是按照共同的规则限制制造出来的赛车。众所周知的F1便是世界一级方程式锦标赛，即（FIA Formula 1 World Championship）。

　　F1比赛作为世界最高水平的赛车比赛，堪称是集高科技、团队精神、车手智慧与勇气于一体的视觉盛宴。截止2013年，这项赛事共有11支车队，法拉利（意大利）、梅赛德斯AMG（德国）、红牛（奥地利）和迈凯伦（英国）是其中有名的"四大车队"。每辆参赛的赛车价格都在480万人民币以上，而这还远远比不上每个车队的工作人员的薪水和参赛的各项开支，可谓是全球最烧钱的运动项目。现在的F1比赛在世界各地的十几个封闭的环行线路上进行，比赛时的车速最高可以到达400公里/小时以上，选手们都需要穿上尿不湿以防止人体在这样的高速运动下尿失禁，其惊险刺激可想而知。一旦操作失误，就有可能车毁人亡。

　　在F1的历史上永远不缺传奇，从一代天王舒马赫到2008年创造出F1历史上首位黑人冠军车手及史上最年轻冠军记录的汉密尔顿，无不为这项运动的火爆性添薪补柴。正因为此，F1才与夏季奥运会和世界杯足球赛并称为"世界三大体育盛事"。

"泰坦尼克号"的沉没

1912年4月12日，我们永远记住了这一天。这一天是个悲惨的日子，举世关注的英国豪华客轮"泰坦尼克号"在第一次航行中因撞到海底冰山而沉没了，我们为之悲痛。

在万众瞩目下，"泰坦尼克号"于1912年4月10日从英国出发了，目的地为美国，具体地点是从南安普敦航行到纽约。这是这艘豪华巨轮的首次航行。而不幸的事情却在航行几天后发生了，4月15日它在北大西洋撞上冰山而沉没了。此次海洋事件共有1503人丧生，极大地震惊了人们的心灵，这么先进的航船竟然出现了这样的事故，这么多人遇难，这在当时所处的和平时期里是极为罕见的，同时也是后果最严重的。因此，人们都记住了这次海难。著名的电影《泰坦尼克号》就是根据这次真实事件改编，这更增加了我们对这次海难严重后果的震惊。

"泰坦尼克号"是一艘巨大的客船，长882.9英尺，宽92.5英尺，从龙骨到四个大烟囱的顶端的距离有175英尺。此外，它还很豪华，从外观到内部，设计与建构都很壮美，因此花费也很大，它耗费了英国白星航运公司7500万英镑，所以它在20世纪初被建成时，人们都称它为"梦幻之船"，并且以乘坐它为无上的光荣。总之，它是当时一流的超级客船。

1912年4月10日，"泰坦尼克号"从南安普敦港的海洋码头进行第一次航行，当时的船长叫爱德华·史密斯，大家都为他感到骄傲。航船即将起航时，码头上挤满了人，有的是乘客，有的是来为他们送行的家属，还有搬运行李的工人及海关的工作人员，当时热闹极了。"泰坦尼克号"在中午12点整缓缓地离开了码头，起航了。当时人们怀着惊喜与兴奋踏上客船，想要获得世界上最大的客船的第一次航行的经历，但是他们没有想到，这却是他们的最后一次航行。

1912年4月14日晚，"泰坦尼克号"以22.3节的速度航行，船舱内的人们有的休息，有的狂欢，他们没有想到死亡正悄悄地向他们逼近。由于这天晚上风平浪静，船长对危险也没有过多地在意。当船长接到附近很多船只发来的冰情通报时，立刻命令瞭望员进行观察，谁知瞭望员竟忘记了带望远镜，只能用肉眼观察。他当然看不到远处的冰山，再加上这年冬天比较暖和，冰山在海洋里就漂得更远了，也增加了他观察的难度。由于大家对危险的警惕放松，直到当夜23点40分，瞭望员弗雷德里克·弗利特才发现远处有一块黑影并在迅速变大，他意识到了危险，于是他拿起电话向前舱报告，说发现前方有冰山。前方接到电话后立即采取措施，命令船只减速，向左转舵，往回走，可是还没有来得及执行成功，航船就撞到了冰山上。由于撞击力过大，船底承受不了，于是铆钉被毁，铆钉断裂后，海水就进入了水密舱，当时的进水部位有5个，超过了"泰坦尼克号"水密舱只能承受4个的限度，所以当时航船大量进水，但是人们并没有意识到。

撞到冰山后，船被命令停了下来。一些乘客来到甲板上欣赏夜景，而此时船上有三根烟筒柱子突然发出了很大的响声。史密斯船长得到通知后，和哈兰·沃尔夫公司的首席造船工程师托马斯·安德鲁一起去检查发生了什么事，检查过4个水密舱之后，发现事态已经很严重了，没有办法抢救了，一两个小时后船就会沉没。此后船迅速地下沉，于是史密斯船长下令，救生艇准备救人。同时"泰坦尼克号"发出了"CQD MGY"的呼救信号，不久又发出了SOS求救信号。大西洋上的很多船只都收到了求救信号，如法兰克福号、弗吉尼亚号……他们接到信号后立刻前去营救，但是时间太紧了，此时离"泰坦尼克号"船比较近的一些客船却由于电报员的原因而耽搁了对它的救助。

由于船迅速下沉，人们感到万分恐慌，因此抢救工作进行得非常不顺利，而且非常混乱，救生艇工作更是乱七八糟。妇女和儿童先登上救生艇，但是一些救生艇还在半空中就被放了下来，还有一些人为了自己逃命而不顾别人，强硬地挤到船上，让很多人无法登船。有651人登上了救生艇，剩下的就被淹没了。

凌晨1点35分，锅炉室进水了。2点10分，最后一封呼救电报发出。2点13分，29台大型锅炉互相冲撞着砸破4个水密墙，船头部位被砸开了大洞，海水进入。2点17分，海水又涌入中央电力控制室，电源被破坏。2点18分，"泰坦尼克号"船身断为两截。2点20分，"泰坦尼克号"沉入了水中。1503名乘客和船员随它而去。

多么悲惨，搭上救生艇的人只是一小部分，而大部分乘客在沉船时也一起沉入海内，其中很多人是被冰冷的海水冻死的。很多乘客的尸体都没有找到，让人非常痛心。

3点30分，最先赶到出事现场的是卡纳德公司的客船卡帕西亚号，此后其他的船只也参与到了救援工作。救援工作一直持续到早上8点30分，共12个救生艇被救出，只有705人生还，其他的就失踪或死亡了。当时人们为之举行了一场悼念仪式，情形非常感人。

"泰坦尼克号"沉没的消息，让西方世界大为震惊。

大西洋两岸许多国家都为死难者哀悼，举行了很多的纪念活动，很多国家还降了半旗以表示悼念。英国国王和德皇威廉二世都发了吊唁电报。

这场灾难使我们震惊的同时，也引起了我们的思考，自然界的力量真大，我们人类的力量根本无法与之抗衡。

值得一提的是，"泰坦尼克号"沉没时使用的国际通用的SOS呼救信号，是德国在1906年提议的。"泰坦尼克号"的沉没，让我们记住了SOS呼救信号，一听到这一信号就引起我们对脆弱生命的深深叹息。一想到1912年的这次令世人震惊的豪华巨轮的第一次也是最后一次航行，想到无数的生命的消逝，想到自然力量的强大，我们就下定决心去探索并寻找其中的规律，更好地保护人们的生命。

印度洋大海啸

2004年12月26日是一个黑暗的日子，印度尼西亚苏门答腊岛以北印度洋海域当地时间26日上午8时，发生了里氏8.9级的强烈地震，强震引发了印度洋大海啸。十米高的巨浪摧枯拉朽般地席卷了印度洋沿岸，一些村庄被海浪整个卷走，人们心中的旅游胜地转眼间变成了一片废墟。这场海啸波及12个国家，地跨6个时区、两大洲，25万余人罹难。

随着经济的发展，阳光明媚、风景秀丽的印度洋沿岸，成为许多人理想的度假天堂。每年都有成千上万的人从世界各地来到印尼、斯里兰卡等国的海岸度假，他们或是举家出行，或是随旅游团而来。游客们住在紧靠海边的旅馆，一边欣赏迷人的海景，一边吹着带着淡淡咸味的海风。

2004年也一样，十二月正是来海滩度假的旺季，26日清晨，一切都是那么平常，每一处度假海滩都是那么美，阳光、沙滩、海水交相辉映，游人在海边惬意地休闲。就在这种令人沉醉的气氛中，声嘶力竭的呼喊打破了平静，"浪来了！快跑啊！"人们猛然发现远处突然出现了十几米高的巨浪，正朝海滩扑来。惊慌的人群开始疯狂地逃命，海浪紧紧跟在他们身后，卷着遮阳伞和沙滩椅，还有游船等常见的东西，如同张着血盆大口的海怪，吞食了难以逃离的一切人和物。除了少数幸运者幸存下来外，在海滩附近的大多数人都被海水卷走了。有的地方第一波海浪并不严重，随之而来的第二波反而把还在庆幸中的人群推入绝望的深渊。

一个目击者回忆："当时我离海滩只有100多米，只见排山倒海的巨浪从一公里以外压了过来。滔天巨浪闪着白光，越来越快地冲向岸边。凶猛的海浪打过来的时候，我已经惊呆了，竟在原地僵住了。这时候，有人叫快跑，我才缓过神来，拔腿跑向高处的马路，路上站满了人，但我还是不敢停下，继续狂跑。12个小时以后，我又回到海边，看到到处都是烂泥，人群不见了。听说有很多人都已经丧生，还有很多人失踪了。直到现在，我还感到恐惧。"

这次在苏门答腊岛附近海底发生的地震级别，经香港天文台测定高达里氏8.9级，如此高级别的地震，它的能量相当于三千颗原子弹的威力。据规定，达到里氏7级以上的地震就称为大地震。而里氏震级每增加一级，即表示所释放的热能量增大约32倍。所以这次8.9级地震虽然只比唐山高出1.1级，但其释放的能量要高出40倍左右，相当于40次唐山大地震能量的总和，可见这次地震的能量之大。

这次海底地震引发的海啸可能不是人类历史上最大的，但带来的损失的确是最严重的。它波及了许多印度洋沿海国家，包括斯里兰卡、印尼、印度、泰国、马来西亚、孟加拉、马尔代夫等等，最远甚至波及到非洲东部的索马里，带来了难以估量的生命财产损失，数百万人无家可归。

在这次大海啸中，印尼共有20多万人死亡或失踪，据印尼卫生部称，共有238945人死亡或失踪，111171人已经确认死亡，失踪人数达127774；斯里兰卡仅次于印尼，遇难者总数为30957人，失踪者5637人；泰国确认遇难者总人数为5393人，失踪者中超过1000人为外国人；在印度，官方确认的死亡人数是10749人，失踪人数5640人；缅甸共有61人遇难，而联合国估计其死亡人数应为90人；岛国马尔代夫至少有82人遇难；马来西亚共有68人遇难，大部分为槟榔屿居民；孟加拉国有2人遇难。 而在非洲东海岸，索马里死亡298人，坦桑尼亚死亡10人，肯尼亚死亡1人。经济损失方面，据全球最大的再保险商"慕尼黑再保险公司"(MunichRe)估计，与此次海啸相关的损失总计将达140亿美元。乐观估计，重建工作可能需要几年的时间才能完成。而恶劣的生活环境下可能发生的疫情，将成为更大的隐患。

印度博帕尔毒气泄漏事件

印度中央邦首府博帕尔的美国联合碳化物公司的一家农药厂在1984年12月3日凌晨，发生异氰酸甲酯（MIC）毒气泄漏事件，约有150余万人受到影响，直接导致3150人死亡，5万多人失明，2万多人受到严重毒害，近8万人终身残疾，15万人接受治疗。

12月2日的午夜，一片"雾气"在神不知鬼不觉的情况下在博帕尔的上空蔓延。紧接着就是一声巨响声中伴随着几声尖利刺耳的汽笛声，印度中部博帕尔市北郊的美国联合碳化物公司印度公司的农药厂发生了特大爆炸案件，导致严重毒气泄漏。

美国联合碳化物公司于1969年在印度博帕尔市建立的博帕尔农药厂，生产一种哪怕只有极少量停留在空气中，都会使人感到眼睛疼痛，若浓度稍大，就会使人窒息的异氰酸甲酯(MIC)的剧毒气体。在二战期间，德国法西斯迫害犹太人时就是采用的这种毒气。这家农药厂生产的这种令人毛骨悚然的剧毒化合物被冷却成液态后，贮存在一个地下不锈钢储藏罐里，多达45吨。

毒气一旦泄露就一发不可收拾，根本不是人们能控制的，即使毒气设备关闭了，但还是有30吨毒气化作浓重的烟雾以5千米/小时的速度迅速四处弥漫，好多人来不及反应就已经走上了不归路。此次毒气泄露使得毗邻于工厂墙外的两个小镇——贾培卡和霍拉的数百人死于非命，而毒气依然在我行我素地扩散着，火车站、庙宇、商店、街道和湖泊，迅速笼罩了方圆40公里的市区。

有一个真实的例子，农夫甘恩住的地方仅仅离农药厂数百米之遥，梦中隐约听到巨响，放心不下自己的牛，立即起床走到外面去，三头牛却早已经死了。第二天在医院醒来的他，还心有余悸，以为是瘟疫降临。当时还有很多人以为是原子弹爆炸、地震或是世界末日来临。当大家得知是毒雾的那一刻都惊呆了，接着就是一片慌乱，人的求生的本能催使大家各自逃命，希望能走入未受污染的空气中。

仅仅一周的时间，就有2500人丧命，1000多人危在旦夕，有3000多人已是无药可救，有15万人曾接受博帕尔和附近地区医院和诊所的治疗。死者都是因为肺部积满液体或是死于心脏病。老人和儿童是这次灾难的最大受害者，他们根本无法抵抗毒气的侵袭。即使是幸存者好多也永远失明了。

截止到12月底，死亡人数已超过2万人，有近20万人致残，一些家畜家禽更是横尸满街，给交通带来了极大的不便。该地警方在事发几个小时后，立即责令该工厂关闭并给予相关人士以刑事处分。印度最高法院在1989年2月14日对这家制造博帕尔惨案的美国公司作出判决，并责令赔偿4.7亿美元。

博帕尔惨案在国际上立即引起轩然大波，媒体和报纸等都纷纷指责这家公司不重视工厂在环境安全上的保护措施。事后的调查结果显示：安全措施方面偷工减料是这次事故的主要原因。事故发生是由于储存剧毒农药原料异氰酸甲酯的不锈钢地下储罐内的压力异常升高，安全阀被顶开，加之事故发生前5道安全装置也尚未启动，导致有毒气体被送到"中和装置"，用苛性钠进行中和也没有发生丝毫的作用，泄漏气体也没有得到及时妥善的安置。以上种种原因，加上就连最后一道安全措施——异氰酸甲酯预备储罐的阀门也是关闭的，所以悲剧就在不知不觉中上演了。

　　在生产设计上，美国联合碳化物公司设在印度的工厂与设在美国本土西弗吉尼亚的工厂是没有本质区别的，但是在环境安全维护措施方面却有本质的区别：博帕尔农药厂充其量也只能算是小学水平，美国本土工厂除一般装置外，还装有电脑报警系统，至少达到了高中毕业。该公司的安全负责人承认："美国工厂的安全是通过计算机自动监视的，而印度工厂是手动的，而且事故发生时没有安排受过训练的操作工人。"此外，印度的这家公司设在人口密度大的地区，且只从美国进口了制造设备，安全系统等设备却由于资金问题而省略了。这幕惨剧给我们以深刻的教训：切不可为了追求利益的最大化，不惜以削减安全环保设施来降低成本，这是一个非常惨痛的教训。

世界人民从博帕尔市惨剧身上学到了很多东西，第三世界国家的环境保护官员也曾说到："跨国公司往往把更富危险性的工厂开办在发展中国家，以逃避其在国内必须遵守的严厉限制，现在这已成为带有明显倾向性的问题。"所以，有了可靠的防污染设施之后才能建设有毒有害污染物的工厂，否则一切都是杀鸡取卵的错误之举。

附录一　知识锦囊

名句集锦

关关雎鸠，在河之洲，窈窕淑女，君子好逑。（《诗经·关雎》）

一日不见，如三秋兮。（《诗经·采葛》）

他山之石，可以攻玉。（《诗经·鹤鸣》）

青青子衿，悠悠我心。（《诗经·子衿》）

人之多言亦可畏也。（《诗经·将仲子》）

知我者，谓我心忧，不知我者，谓我何求。（《诗经·黍离》）

高山仰止，景行行止。（《诗经·东毂》）

所谓伊人，在水一方。（《诗经·蒹葭》）

他人有心，予忖度之。巧言如簧，颜之厚矣。（《诗经·巧言》）

如切如磋，如琢如磨。（《诗经·淇奥》）

言者无罪，闻者足戒。（《诗经·大序》）

投我以桃，报之以李。（《诗经·抑》）

嘤嘤鸣矣，求其友声。（《诗经·伐木》）

战战兢兢，如临深渊，如履薄冰。（《诗经·小雯》）

昔我往矣，杨柳依依；今我来思，雨雪霏霏。（《诗经·采薇》）

不敢荒宁，嘉靖殷邦。（《尚书·无逸》）

刑不上大夫，礼不下庶人。（《礼记·曲礼上》）

一张一弛，文武之道。（《礼记·杂记》）

玉不琢，不成器；人不学，不知道。（《礼记·学记》）

凡事预则立，不预则废。（《礼记·中庸》）

穷则变，变则通，通则久。（《周易·系辞下》）

天行健，君子以自强不息。（《周易·乾·象》）

仁者见之谓之仁，智者见之谓之智。（《周易·系辞上》）

多行不义必自毙。（《左传·隐公元年》）

居安思危，思则有备，有备无患。（《左传·襄公十一年》）

奇书集锦

石头书：缅甸有一本石头书，共703页，每页重2公斤，全书共重1460公斤(包括封面、封底)。据专家说，此书是19世纪时由100名石匠花了9年时间雕刻成的佛经。

砖书：在叙利亚和伊拉克境内，发掘出一批两百多年前的砖书，是用黏土烧制而成。这些书，记载了古代亚述帝国时期的故事。

青铜书：保加利亚博物馆保存有一本全部用青铜制成的书，共22页，重4公斤，内容全为格言。

金书：在斯里兰卡古都阿努拉达普拉的一座古庙里曾发掘出一部金书。全书7页，每一页都用纯箔制成。

钢书：在南美巴西圣保罗市中心广场，陈列着一部1000页的钢书，均用不锈钢薄板铸刻装订而成。

竹书：我国出土的考古文物，刻有《孙子兵法》等内容的竹简就是竹书。

泥书：叙利亚发现了世界上最古老的辞书，是由15000多张黏土薄片组成的。

木书：在朝鲜朴而古客刹的古塔基座内，发现了一本印在木块上的经书。

羊皮书：在公元前，地中海沿岸各国多用羊皮制书，封面和封底用两块木板制作，外用羊皮包上，里面用布做衬，书脊加铜制装饰品，全书很像精制的珠宝盒。

树书：德国有一种树书，它放置在木质的盒子里，书脊用树皮制作，书脊上压印出该书的德文及拉丁文名称。

帽子书：秘鲁有一种帽子书，即在每顶帽子上用布围成多层帽圈，再在每层上贴上书页。这样，一顶帽子就相当于一本书。

指甲书：日本利用最新电子技术，出版了一本名叫《花语》的书。全书100多页，仅重0.0076克，约有指甲厚。

立体书：英国儿童出版社出版了一本有关历史名胜的书，书中的建筑物是用硬纸仿照实物式样，按比例绘制而成，立体感极强。

鸟语书：俄罗斯出版了一种鸟语书，该书可使读的人了解各种鸟鸣的意思。

防水书：英国有一种名叫《鱼类学家指南》的书，用特制的聚乙烯纸印成，专供从事航海和捕鱼的人阅读，有较强防水性能。

行业祖师

裁缝业祖师——轩辕氏

蚕丝业祖师——嫘祖

织布业祖师——黄道婆

染坊业祖师——葛洪

酿酒业祖师——杜康

茶叶行祖师——陆羽

豆腐业祖师——乐毅

火腿业祖师——宗泽

木匠业祖师——鲁班

竹匠业祖师——泰山

铁匠业祖师——李老君

造纸业祖师——蔡伦

制笔业祖师——蒙恬

占卜业祖师——鬼谷子

星象业祖师——柳庄

风水业祖师——刘伯温

理发业祖师——吕洞宾

中医业祖师——华佗

中药行祖师——李时珍

梨园祖师——李隆基

评话祖师——柳敬亭

附录二　幽默集锦

讲究卫生

一家三口住进了新房。妻子见丈夫和儿子不太讲究卫生，就在家里写了一条标语："讲究卫生，人人有责"，以督促儿子和丈夫讲卫生。

儿子放学回家，见了标语，拿出笔，把标语改成了"讲究卫生，大人有责"。

第二天，丈夫见了，也拿出笔，把标语改成了"讲究卫生，太太有责"。

设身处地

一天，丈夫外出时弄脏了身上穿的白色外衣，只好向朋友借了一件黑外衣穿回家。谁知到了家门口，看家狗竟狂吠不止，并一直想扑到他身上。丈夫很生气，正想拿起一根木棒打它时，妻子闻声跑出来劝住他。

"算了吧，别打它了。"

"这条狗真可恶!居然连我也认不出来！"丈夫气哼哼地说。

"亲爱的，你也应该设身处地地为它想想，假如有一天这条白狗跑出去，回来时却变成一条黑狗，你能认得出来吗?"

请丈夫作报告

已经是深夜一点多了，马主任的妻子还没有睡着，失眠的痛苦令她无可奈何。

这时，她忽然想起白天的事，连忙推醒丈夫问："你昨天开会的讲话稿还在吗？""在啊。"丈夫迷迷糊糊地问，"你要它干啥？"

"你快拿来给我念念，"妻子兴奋地说，"昨天开会，我发现你念稿的时候大家在下面都睡着了。现在你也念给我试试嘛。"

各个击破

将军乘火车长途旅行。他睡得正香时被同包厢的两位太太吵醒了，"车窗开着我会冻死的。"一位太太要关车窗。

"车窗关上我会闷死的。"另一位太太要打开车窗。

乘务员无法调解矛盾，只好求助于将军。

"您看怎么办？将军，如果这是一个军事问题的话。"

"在作战时，我们处理这类问题是采取各个击破的办法。所以，您最好先把窗户打开，冻死一个。然后把窗户关上，再闷死另一个。这样就太平无事了。"